Les pièces contenues dans ce volume constituent la suite de l'ouvrage coté 8° Ln[27]. 32111 :

« Evenement des plus rares ou l'Histoire du Sr. abbe comte de Buquoy ... deuxième edition avec plusieurs de ses ouvrages vers et proses & particulierement [sic] la Game des femmes... »

1719

[illegible]

[illegible]

L'ANTIMACHIAVELISM

OU

REFLEXIONS METAPHISIQUES

Sur l'Authorité en Général

ET

Sur le pouvoir arbitraire en par culier, en forme de Lettres adressées à Mr. L. D. B.

PAR Mr. LE COMTE DE

Au sujet d'une dispute survenüe entr'eux sur cette matiére a Utrecht Nov. 1712.

A la Table de Mr. le Comte de.

Avec

L'Extrait d'un Traité de l'existence Dieu par le même Auteur.

PREMIERE LETTRE.

C'Est pour vous tenir mieux parole, Monsieur, qu'aussi-tôt de retour au logis, j'ai mis la main à la plume. La dispute, en effet par là comme fixe au papier, sera d'autant plus en état d'être éclaircie, qu'on sera moins sujet à y prendre le change.

Cependant, comme c'est quelque chose de très-délicat que de parler de *l'autorité* sans beaucoup d'examen, ne croyez pas que je vous propose mes avis sur la matiére, comme une décision. Ce n'est au contraire qu'une ten-

 ative

tative de ma part pour me rendre à vôtre jugement, supposé que l'évidence me témoigne de s'y rencontrer.

Je suis au reste ravi de l'occasion, qui me donne lieu de traiter un sujet, duquel j'ai assez souvent parlé dans le monde, & sur quoi j'ai trouvé beaucoup d'oposition.

Je suis encore plus aise, Monsieur, que ce soit avec vous que je m'en explique. Aux intérêts d'éclat que vous deffendez à Utrecht; (je ne veux pas dire qu'ils soyent les plus justes) aux égards que les Plénipotentiaires de la France ont pour vous, & à vôtre mérite propre, qui vous a déja aquis de la reputation en pays étranger, je ne peux qu'en avoir moins de peine à vous ceder, si je suis vaincu par

par vos raisons; comme au contraire j'en aurai beaucoup d'honneur, si l'amour, que vous avez pour ce qui est vrai, vous oblige à me rendre les armes.

Il n'y aura peut-être entre Vous & moi que l' Evêché, que vous toûchez comme de la main, qui pourroit faire obstacle: Je veux pourtant croire que l'ingenüité de vôtre conscience vous fera triompher de toute autre considération. C'est pourquoi, sans plus m'arrêter à autre chose qu'à suivre mon dessein; je continüerai à soûtenir que ce n'est pas une raison à un Pouvoir, pour se permettre tout, que d'être une fois établi. Et, en expliquant ensuite comment & en quel cas un Particulier peut s'y oposer, je croirai avoir alors satisfait à tout ce qui a été le fondement de nôtre dispute sur *l'Autorité*.

Je desire que le Public profite de ce que vous & moi dirons de mieux & sur tout que la gloire en revienne à Dieu, à qui seul elle apartient.

Pour traiter avec plus de methode de *l'Autorité*, je crois devoir dire d'abord que, comme il y a une subordination de mouvemens qui tient les corps dans l'Ordre, il doit y avoir à plus forte raison chez les hommes des Loix, qui les conservent dans la régle. L'Homme qui pense est sans doute de meilleure condition, que le Corps qui se meût.

Ces Loix ne peuvent être qu'une barre au desir qu'on a

pour

pour ſon propre bien, afin de l'empêcher aux dépens d'autrui de ſe porter trop avant : Mais pour que ces Loix ayent de la vigueur, ellens ont deues être depoſées en bonne main pour l'exécution. C'eſt auſſi ce que Dieu à d'abord fait dans le cœur par l'eſtime, ſentiment qui y combat, par le jugement déſavantageux qu'on craint pour ſoi de la part des autres, la convoitiſe propre, qui d'elle même ne voudroit point de limites. L'eſtime eſt donc chez nous comme le premier germe de l'autorité qui retient, & c'eſt ainſi que les corps ſe conſervent par leur mutuelle opoſition.

En un mot ne voulez vous rien que pour vous? Les autres Hommes qui en ſouffrent trop ne peuvent que vous blâmer. Ils vous vantent au contraire, ſi vous étes équitable. Et ce deſir d'être loué eſt ſi puiſſant du moins chez le Général des hommes, qu'on y préfére le plus ſouvent ce qu'on nomme honneur à l'amour de ſa propre Vie.

Ainſi voila comme aux dépens de l'intérêt particulier le ſoin du bien Général eſt marqué chez nous par ſentiment, & ce bien de tous n'eſt qu'un avec l'honnorable & le vrai.

Il n'y a ici qu'une traverſe à craindre c'eſt de la part de l'Opinion.

Cette Fille aînée de la Convoitiſe; qui n'agît que ſur les memoires les plus confus des ſens & ainſi qui fait toûjours marcher l'Ignorance ce devant ſoi accompagnée de la Rigueur pour ſe mieux ſoûtenir, ſe couvre ſi bien de la Nature que, ſi elle ne l'anéantit pas tout à fait, du moins elle la défigure beaucoup avec le tems.

Voila, comme en multipliant la Divinité que la Nature dans ſon auteur nous enſeigne d'être ſi unique, elle à encor fait entrer autrefois preſque tous les vices des Hommes dans l'idée de Dieu. Ainſi dans le Gouvernement qu'on nomme arbitraire elle y peut retenir le nom d'Etat, ou de bien Public, quoi que cette Domination ci n'aît des yeux uniquement, que pour ce qui lui convient. Il y aura pourtant toûjours cette difference entre l'Opinion & la Nature, c'eſt qu'où celle-ci ne ſe perd jamais tout à fait, à cauſe de ſon uniformité qui régne chez tous les Hommes, on la reconnoît encor preſqu'auſſi bien par l'inſtabilité de l'autre.

Qu'on me diſe en effet qu'eſt ce que l'Opinion n'a pas établi aujourd'hui, qu'elle n'aît quaſi comme renverſé demain ; ou du moins à qu'elle violence ne s'eſt elle pas le plus ſouvent portée pour ſe maintenir. Et cela eſt il naturel ?

Cependant les Dieux des Payens malgré leurs précautions commodes ne ſont plus depuis long-temps & tant d'autres imaginations conſacrées ont déja reçu de rudes ſecouſſes. L'Opinion a beau ſe recruter de Malice, la Nature, avec qui elle eſt ſans re-

lâche

lâche en guerre, ſe r'établira toûjours par ſa propre ſimplicité. On peut dire même qu'auctun temps le plus corrompu ne l'a point fait voir ſans deffenſeur. Il ſemble au contraire que c'eſt l'excés du déſordre qui irrite le zéle des Gens de bien. C'eſt pourquoi il ne faut qu'un Socrate à Athénes ou qu'un Caton dans Rome, pour y inquiéter bien des Mechans. Oüi, c'eſt un puiſſant Ennemi qu'un homme qui a véritablement en recommandation la vertu, parce que rien n'eſt capable de le tenter, outre qu'il ne ſe rebute pas aiſement.

Convenons du moins juſques ici qu'il y a une Loi dépoſée dans le cœur & qui s'y ſoûtient par l'Eſtime qui eſt l'aliment

ment du bien Général aux dépends de l'intérêt propre à qui il faut des bornes & cette Loi, qui est la premiere Semence de toute Autorité légitime, n'a rien à craindre que de la part de l'Opinion.

Disons à présent que c'est sur ce dépôt si naturel & qui devroit été si inviolable qu' est anthé le Pouvoir que le commun accord de chaque Pays confie à plusieurs, ou à un seul pour l'assûrance de ce même bien commun.

A Plusieurs si c'est la Multitude, cela se nomme Gouvernement Populaire. A Quelques uns; c'est la Republique. A un seul; c'est ce qui fait le Monarque.

Mais il n'y a que l'Administration Populaire qui se peut appeller tout à fait naturelle,

turelle, puiſque la Nature ailleurs n'y conſpire pas ſi bien à menager tout ſon capital dans l'intérêt particulier dont elle ſe relâche.

On peut même dire que la Republique n'eſt qu'une reforme par occaſion de l'abus que le tems, comme dans toute autre choſe, ameine dans l'Adminiſtration du Peuple; de même que la Monarchie eſt auſſi un reméde violent, mais comme d'obligation, contre les excés de la Republique.

La Nature ſe réncontre dans l'un & dans l'autre de ces deux Gouvernemens Republiquain, ou Monarchique, mais non pas de plein gré comme dans le premier. Comme c'eſt la néceſſité, ou bien la raiſon, qui ne laiſſent pas que d'apartenir à la Nature, qui domîne dans l'un & dans l'autre, & que le ſentiment y a peu de part, auſſi y voit on les précautions redoubler par le nombre des Loix ou des Edits qui s'augmentent. C'eſt là à proprement parler que l'Art prend le Place de la Nature, qui commence à s'uſer. Veut-on que je m'explique mieux; la Republique ainſi que la Monarchie, ne ſont que la Convoitiſe, qui, faute de s'accorder avec ſoi, veut du changement. Comme la ſitüation fâcheuſe qu'on éprouve eſt toûjours celle qui peine le plus, on croit de l'adoucir en ſe tournant d'un autre côté. C'eſt là un mal: mais qui, formé d'un autre plus grand,

grand, dont du moins actuellement on s'exempte, doit être reputé un bien ; car peut-être n'y en a t'il point d'autre en ce Monde que par comparaiſon.

C'eſt ſous ce nouvel égard, qui ne laiſſe pas que de toûcher encor à la Nature, quoi que de loin, que la Monarchie & la Republique auſſi bien que l'Administration Populaire doivent être admis & auſſi tous les autres Gouvernemens, qu'on pourroit apeller mixtes, qui, pour ſe combiner mieux, r'entrent les uns dans les autres, ſelon que la neceſſité le requiert. De là le Monarque eſt il une fois reconnu? Il le faut laiſſer joüir & on doit le ſouffrir en même

 tems,

tems, si l'abus du moins n'est au souverain degré, parce que le remède, dont on voudroit se servir, pourroit souvent être pire que le mal qui régne. C'est aussi ce qui fait que les Hommes de tous les Pays, sans se donner le mot, ont jugé à propos de recevoir à leur sufrage ces trois sortes d'Etablissemens, qui après tout ne sont qu'une maniére plus ou moins seure, & que le tems demande, d'y déposer le bien commun.

On peut même dire que le pouvoir Monarchique entre les mains d'n Sage seroit le plus parfait de tous, à cause de la facilité qui s'y trouve de faire, par une voye moins embarassée, plus de bien. Mais où le trouver

ver ce Philoſophe, ſur tout lors que ſa ſituation l'aura mis à portée de ne r'encontrer plus en ſon chemin que peu d'obſtacle? On ne connût ce qu'étoit. Sixte Quint, qu'après qu'il fut fait Pape, parce qu'alors il ne s'agiſſoit plus de feindre. Ainſi le bien Général eſt toûjours mieux remis entre les mains de Pluſieurs, qui ſe craignent, & ſe reſpectent les uns les autres, qu'autrement, puis qu'en cela ils ſe ſervent mutüellement de bornes.

Cependant celui des trois Gouvernemens mixtes ou ſimples, où les Loix ſont mieux conçuës à l'avantage du Pays & mieux obſervées, plus encor par l'émulation, que par la crainte, doit être

cenſé

censé le moins défectüeux de tous: mais ce n'est guéres que dans la ferveur, qui toûche encor de prés à la nouveauté de l'Etablissement, qu'on peut se flater d'apercevoir un si salutaire effet.

C'est d'où Hanovre en Allemagne par la Sagesse du Prince (les Femmes a part) & Zurüch en Suisse ne m'ont pas laissé dans une petite surprise de les voir, quoi que plus ou moins anciens, si bien se contenir & dans un tems, où le grand apetit ne manque nulle part. Il est même à propos d'avoir de tels exemples & dans ordres diférens pour faire voir que l'Equité non seulement se soûtient toûjours en quelques endroits du Monde: mais

mais même; qu'en s'aquerant de la confiance par sa modération, elle fait, sans se donner beaucoup de peine, du moins autant de chemin pour ses vrais intérêts, que l'artifice avec de grandes agitations, outre que de sa seule réputation elle tient souvent celle-ci en respect, temoing Zurich qui est comme la barre de l'ambition de Berne.

Cependant vous prendrez la peine de remarquer, Monsieur, que quand j'authorise le Gouvernement Monarchique, c'est-à dire un Pouvoir unique & très-souverain : mais qui r'enferme pourtant quelque condition, je n'ai point pretendu y comprendre celui, qu'on nomme aujourd'hui si vulgaire-

ment

ment Despotique ou Arbitraire. Bien loin que cette Autorite soit bâtie sur la Nature qui est l'Antiquité même, on peut dire que c'est là un nom qui ne s'est bien fait connoître dans le Monde, que depuis quelque tems. C'est pourquoi, Monsieur, il faut prendre soin de ne pas raisonner ici de la chose par le son qui pourroit fraper l'oreille, mais bien par l'idée nette & distincte, qui en doit demeurer à l'esprit.

Voulez vous dire par cette expression. *Pouvoir arbitraire*, que dés qu'une autorité se sera aquise le Privilége par quelque voye que ce puisse être de ne plus rien craindre, il lui sera ensuite permis de tout oser & d'oser même jusqu'à l'extremité,

en

en ne gardant plus d'autres mesures que celles que son hypocrisie lui conseille, pour parvenir à ses fins des ordonnées, en imposant mieux.

Y a t'il un tel Gouvernement dans le Monde? Il a aussi peu Dieu & la Nature pour Soi, que le témoignage des Hommes. C'est donc là comme un inconvenient Général, qui d'une commune voix doit être retranché.

Comment seroit il aprouvé de Dieu? C'est un pouvoir, qui r'aportant tout à soi, se met tant qu'il est possible à la place de Dieu méme, ainsi voila un Athéisme mis en prâtique le plus avéré qu'il se peut; que s'il fait servir Dieu de couverture à ses entreprises déméssurées,

c'est

c'eſt là le Sacrilége le plus inſigne; que ſi l'enchaînement des cauſes naturelles permettoit pourtant qu'un tel Gouvernement eût du ſuccès (car Dieu n'eſt point obligé de déranger ſes meſures ordinaires pour l'empêcher) & que ce ſuccès eût monté à un point qu'il fît croire à l'Ignorance des Hommes que le Ciel autoriſe cette Domination; à leur Cupidité, qui ne juge des choſes qu'en dehors & ſur le pied qu'elles l'accommodent, que c'eſt là la plus parfaite maniére de gouverner, & qu'elle s'aviſa enſuite de la prendre pour ſon modéle, l'expreſſion me manque alors, pour bien marquer de qu'elle triſte conſéquence eſt pour le Genre humain un ſcandal

ſcandal de cette nature, & juſqu'à quel point le Ciel Amateur de l'ordre en gemit en même temps.

Ce n'eſt pas aſſez; je dis de plus que ce Gouvernement, ſi contraire à Dieu, eſt encore le plus opoſé qu'il ſe peut à la Nature.

1.nt De ce qu'il fait obſtacle à Dieu, on peut déja asſeurer qu'il ne peut s'ajuſter à la Nature. Le veritable Ordre n'admet point de la partialité nulle part. Le Corps de ſon Harmonie n'eſt, pour ainſi parler, que d'une ſeule Piéce.

2.nt Nous ſommes obligez de reconnoître deux inclinations capitales dans le Cœur & qui s'y ſoûtiennent par deux ſentimens principaux. L'une và droit à nous &

& qui se fait assez sentir par l'ardeur qu'on a de se livrer, comme indistinctement, à tout ce qui fait plaisir. L'autre, qui revient aussi à nous, mais comme par détour, c'est le Plaisir, dont nous avons parlé ci dessus, que nous trouvons dans la poursuite de l'Estime, quoi qu'il nous en coûte toûjours de nôtre propre pour l'obtenir.

Ces deux sentimens, qui sont comme la basse de tout le Cœur, & qui servent comme d'influence à toutes nos actions ne peuvent mériter trop d'éclaircissement. C'est pourquoi je reprens la chose d'un peu plus haut.

Dès qu'il y a un Dieu Auteur de tout, il faut qu'il soit bon. S'il est sage, il doit

vouloir

vouloir le plus grand bien. Toute ſa condüite dans l'Ordre matériel n'eſt, en effet, qu'une précaution en mieux pour l'avantage de Tous. On voit bien des défaîtes particuliéres : mais ce n'eſt qu'un acheminement à la vie du Total.

C'eſt juſtement auſſi, parce que Dieu eſt bon, que nous nous aimons. Comment en éfet le Principe du bonheur, pourroit-il, avec ſes productions, commercer autrement qu'en plaiſir ? Je ne doute donc pas que, ſur ce pied, il ne me fut permis de porter le panchant, qui va droit à moi, auſſi loin qu'il ſe peut : mais comme il y a d'autres êtres qui, de même que moi, cherchent avec avidité leur ſatisfaction, il il faut neceſſairement que chacun ſe relâche. C'eſt d'où, comme par contribution de l'intérêt particulier, ſe doit former dans l'Ordre civil la néceſſité du bien commun. Il y a donc un bien de Tous, qui ne peut s'entretenir qu'aux dépens de Chacun, & c'eſt là la borne de l'intérêt propre: Rien n'eſt plus clair.

Ce ſeroit pourtant peu de choſe ici, que le ſecours de l'Evidence pour contenir les Hommes, ſi l'Auteur de la Nature ne les portoit pas, comme par ſentiment, à ſe modérer.

C'eſt auſſi ce que Dieu a fait, comme j'ai deja dit, par cette inclination ſi dominante que nous avons tous pour l'Eſtime, encor que

que nous ne puiſſions la r'emplir, qu'à meſure qu'il nous en coûte.

C'eſt donc de là que Dieu prend ſoin, par le ſecours du Plaiſir propre & comme aux dépens de ce même Plaiſir, de pourvoir au Plaiſir commun. Quoi de plus ſimple & de mieux conçu que ce fondement de toute l'Harmonie civile. Voila donc, dans l'obligation où l'on eſt de convenir de la neceſſité du bien de Tous, l'engagement trop bien marqué qu'il y a à l'amour propre de ſe borner, & ainſi la baſſe la plus avérée de toute Juſtice.

O Gouvernement Arbitraire! Ne voulez-vous pourtant rien que pour vous? Vous trahiſſez en cela la Loi la plus ineffaçable, qui puisse être dans le Cœur. Vous êtes donc pour ainsi dire un Dénaturé en Injustice. Vous pouvez vous étourdir vous même, éblouir les autres, intimider, fraper si vous le voulez, ou éssayer de donner le change par toutes les souplesses de l'Opinion. Je n'en apelle qu'à vous. Vous n'éffacerez pas tout à fait la Nature de chez vous, que Dieu y a trop bien marqué pour la seureté de sa Sagesse dans l'affermissément du droit commun.

Mais employez vous le bien commun pour vous couvrir ? Vous le reconnoissez donc & vous vous en faites un jeu ? N'est ce pas là se plaire aux ténébres au milieu du jour, je veux dire

dire aimer à faire ce qui eſt mal dans la pleine connoiſſance ou vous étes, que vous devez faire le bien? Comment nommer cet attentat!

Encore une fois vous ne voulez donc rien que pour vous? Hé bien je ne deſirerai auſſi rien, que pour moi. D'Homme à Homme quel privilége avez vous; car j'envisage ici ſeulement le Cœur? Et s'il eſt dépravé chez moi, en me moulant ſur vous; car de la Place où vous étes l'exemple a du credit, dites, à quels devoirs ſinceres devez-vous vous attendre de la part de ma Perſonne? Si pourtant il n'y a que de la contrainte chez moi, ne croyez pas que cela puiſſe durer?

Mais un autre Gouvernement n'a comme vous qu'à tout entreprendre. Pourquoi non; puiſque vous en agiſſez ainſi. De Souverain à Souverain, qu'elle prérogative avez-vous? Voila la Guerre. Forcez vous toutes choſes pour vous ſoûtenir? On en fera de même, avec cette difference que c' eſt pour ſe deffendre. Cependant quel deſordre! Vôtre propre Convoitiſe retourne donc ſon poignard contre ſoi. Vous vous nuiſez par l'endroit que vous penſiez le plus vous accommoder. Vous devenez donc, comme ſans le vouloir, vôtre propre Ennemi, & par là, faute de direction, du moins dans vos veuës, ne manquez vous pas encor à la Nature? Je laiſſe à part le remord,

remord, qui doit ſuivre de prés vôtre Injuſtice; ce qui eſt une autre maniére de ſe préjudicier, s'il eſt vrai qu' à force d'habitude au mal, vous ne vous ſoyez pas tout-à-fait endurci, c'eſt-à-dire que vous n'ayez pas ateint le plus triſte des Etats, celui de déſeſpéré.

O Gouveruement Arbitraire! qui avez donc auſſi peu la Nature que Dieu dans vos intérêts, par ou prétendriez vous au ſufrage des Hommes? C'eſt à quoi je vas à préſent donner quelques reflexions.

Si par le ſufrage dont il s'agit, on doit entendre principalement celui du Cœur; Dieu, avec la Nature bien priſe, étant le güide & comme la main de ſes affections, comment ce qu'il y a de plus oposé à Dieu & à la Nature parviendroit il à les captiver.

L'Autorité Arbitraire qui, r'aportant tout à soi, déthrône Dieu, pour ainsi dire, & abolit la Nature, ne peut donc agréer nulle part. Ainsi elle ne peut point avoir pour soi le témoignage des Hommes.

Elle se couvrira, me dit-on, pour n'épouvanter point. Il est vrai: mais, comme sa Convoitise ne saura pas se limiter, elle en fera tant, qu'à la fin il faut qu'elle soit connüe. Que d'imprecations alors, & combien ne se dédommagera-t-on pas d'avoir été si long-tems trompé! Je ne parlerai pas ici de Dieu qu'elle laisse à part

part dans toute occasion pour son interêt. Cependant quoi de plus nécessaire que la Divinité chez les hommes pour les prévenir, puisque, si corrompus qu' ils soient, sa lumiére ne meurt point tout à fait chez eux.

L'Autorité Arbitraire ne se sert que trop de Dieu, me replique-t-on, mais à quoi? A pretexter son Injustice. Que le rideau soit donc bien tiré sur ces menées, car si une fois elles sont sçeües, toute confiance pour jamais perduë pour elle chez les Hommes, qu'en espérer?

Je les fais pourtant agir comme il me plaît, me dira-t-il lui même, ce Gouvernement si absolu. Tout plie sous moi d'une maniére qu'il ſemble que l'effet & ma volonté ne ſoient qu'une choſe. Quoi de mieux marqué, pour faire voir que j'ai les Hommes à ma devotion! Cela va même quelques fois ſi loin que quelques uns, qui pouroient paſſer pour les plus circonſpects, n'ont point heſité de me donner le nom de Dieu. N'eſt ce donc pas avoir pour ſoi l'avantage du conſentement?

Déſabuſez vous. Plus ces ſages prétendus vous élevent & mieux ils me font trembler pour vous. Ils ont connu juſqu'où va vôtre foible. Craignez qu'ils n'en ſçachent par trop profiter. Cependant vous pouvez croire, ſi vous le voulez, que vous avez pour

vous

vous ces Hommes, qui passent pour les plus ſages : mais je peux vous jurer que vous n'aurez jamais ceux qui le ſont en effet. Vous n'aurez pas même pour vous du moins dans le cœur, un ſeul Homme, qui, croyant comme il faut qu'il y a un Dieu, juge qu'il doit y avoir quelque regle. J'avouë bien que vous pouvez ou ſurprendre la Multitude, ou bien la gehenner d'une maniére que ſon air müet ſemble vous aplaudir : mais prenez garde. Comme c'eſt là, que Dieu & l'Equité naturelle moins qu'ailleurs, ſoufrent preſcription, il ne faut que quelques Hommes d'une certaine trempe, une veine, un moment, un presque rien qui s'offre à propos pour vous mener loin, en réveillant parmi le Peuple ce qui y ſemple aſſoupi; & vous connoîtriez alors que cette Societé nombreuſe du bas étage, qui par ignorance vous dreſſoit des autels, ne vous en mettroit que bien plus bas, ſitôt qu'elle auroit repris avec ſes yeux les ſentimens d'un intérêt d'autant plus legitime, qu'il étoit plus Général; & qu'ainſi le culte qu'elle vous rendoit etoit plûtôt un étourdiſſement de crainte ou une Foucade de train excitée par l'idolatrie intereſſée de quelques uns, qu'un aveu du cœur en reconnoiſſance de vos vertus. J'en apelle de mes maximes aux hiſtoires pour voir, ſi l'événement n'y prouvera

pas

pas la Verité de ce que j'expose. Et plût au Ciel pour l'intérêt & la Gloire de plusieurs Princes que du moins leurs Ministres eussent été plus moderez & plus équitables. Sans parler de l'ateinte que Rome a reçûe dans les derniers siecles, la maison d'Autriche veroit peutêtre encor sous ses loix la Süisse & la Hollande.

J'ai du moins véritablement attachez à moi tous ceux, à qui je fais des graces, me dites vous encore, & comme je possede tout, j'ai par là du moins dequoi me gagner bien du Monde. Arrêtez vous. Vous n'avez pas en vos mains tout ce que vous pensez & s'il faut prendre à la Lettre ce que vous me dites, je vous réponds que vous ne connoissez pas les Hommes. Beaucoup d'entr'eux, aussi bien que vous, desirent de tout leur cœur d'avoir tout; & comme vous n'êtes jamais satisfait, il n'est pas aisé de les contenter; Ecoutez moi de plus.

Ou ces gens ont assez d'esprit pour vous pénétrer & sont en même tems Gens de bien. En ce cas, savent-ils que vous ne vous attachez les uns que pour mieux faire dépendre les autres & que ceux-ci, assujettis à votre gré, sont un achéminement presques seur au joug impitoyable de tous? Ils prendront vos bienfaits, parce qu'il faut qu'ils vivent: mais ils ne vous en estimeront n'y ne vous aimeront gueres plus. En un mot comme me vous ne les traittez bien, que pour leur faire plus de mal ils n'hesiteront pas de vous nüire, quoi que vous leur fassiez beaucoup de bien.

Que si d'autres, que vous favorisez, sont Gens de quelque conscience, quoi qu'ils n'ayent pas beaucoup de veuë, arrive-t-il pourtant qu'ils viennent à voir comme cela se peut, ne contez pas non plus sur eux. Ils vous tourneront aussi le dos, d'abord qu'ils croyront le pouvoir faire avec quelque seureté.

Que si ce sont de ces Athées couverts qui, n'ont plus que vous, ne pensent qu'à eux. N'atttendez pas qu'ils s'échauffent pour vous dans l'occasion. Ils suivront le tems, en vous laissant dans la ſurpriſe de voir, qu'ils vous ont les premiers manqué.

Mais quand vous auriez dans vos intérêts auſſi veritablement toutes ces Perſonnes, qu'elles en ſont éloignées dans le fonds, ſeroit-ce là avoir le ſuffrage des hommes? Non, ce ne ſéroit au plus qu'une partialité pour vous. Il faudroit de plus que, par tout ailleurs dans le Monde, vôtre Adminiſtration fût avouée, comme quelque choſe de convenable. Et c'eſt ce que vous ne trouverez nulle part, ſi ce n'eſt chez ceux qui, auſſi peu gens de bien que vous l'étes, auront conçû dans leur cœur le deſſein impie de vous imiter. Encor ne joüirez vous pas de leurs ſuffrage, puiſque, ſoigneux comme

comme vous de ſe couvrir, ils vous d'ecriront d'avantage aux yeux du Monde, qu'ils auront plus à cœur en ſecret de vous prendre pour modéle. Ce n'eſt pas aſſez.

Comme il y a des tems, ou le goût du vrai eſt preſque perdu chez les Hommes; témoin l'ignorance brutale du onziéme Siécle, & que le ſuffrage d'un tel âge ne peut point ſervir de régle, il faudroit vous gouverner d'une maniére, que vous puiſſiez avoir encor pour vous tout l'avenir, celui de tous les juges, le plus impartial. Ainſi on cite encor aujourd'hui Titus, Trajan, Antonin, & quelques autres; comme il y en a au contraire beaucoup, à qui il eût été bien

plus

plus avantageux, que leur nom ne fût point du tout connu. Ils pouvoient être néanmoins aplaudis dans leurs tems, parce que dans celui-là comme dans celui-ci, il y avoit des Athées ſtateurs. Cependant aujourd' hüi d'un commun accord ils ſont déteſtés.

Mais, auroit-on le témoignage de tous les hommes, quand on n'a pas celui de Dieu ni de la Nature, tout ce qu'on en pourroit dédüire, c'eſt que ſi le Monde en étoit parvenu à ce point de méchanceté, que de vous aprouver ſans cette condition, ce ſeroit ſeulement une marque qu'il ſeroit prés de ſon terme & une obligation plus indiſpenſable à l'homme vertüeux, n'y en eût il qu'un ſeul

ſur

ſur la Terre, de parler avec plus de liberté.

Si c'eſt là ce que je penſe avec franchiſe de l'Autorité en général & du *Gouvernement Arbitraire*, en particulier; ce ſeroit le tems à preſent de vous dire comment & en quel cas un Particulier peut s'y opoſer: mais comme j'en ai aſſez dit pour reprendre haleine, ſouffrez qu'en vous promettant inceſſament la ſuite & en attendant vos remarques ſur ce que j'ai deja l'honneur de vous expoſer, je vous aſſûre que je ſuis.

" On a crû pouvoir joindre à la Suitte de cette prémiére Lettre un Extrait tout" nouveau, fait par le même" Auteur, d'un ouvrage qu'il" a composé ſur l'Exiſtence de"

„Dieu,

„ Dieu, puiſque cette verité
„ eſt elle même le premier
„ apuy de tout Pouvoir & de
„ toute Juſtice.

Extrait

Extrait du Traité de l'Existence de Dieu de Mr. L. D. B. fait par lui-même.

L'Auteur, aprés avoir envisagé meurement les Corps, reduit tout ce qu'on en peut comprendre à leur existence, leur mouvement & leur mouvement régulier.

Sur l'idée, qu'il se forme de ces trois choses, il démontre, que la Matiére n'en est point en possession par sa propre vertu.

P. 1.

Chacune de ses parties, dit l'Autheur, a-t-elle l'existence par elle même? Il y a donc autant d'Etres nécessaires, que de parties. Cela se peut-il?

il ? Toutes en ce cas Souveraines ou principales, voila ce qui par l'égalité du pouvoir rüineroit la suprêmeté. C'est-à-dire, qu'il y auroit suprême être & non suprême être.

Dépendantes, dit il ailleurs, que sont ces mêmes parties les unes des autres, à proportion de leur étenduë & de plus se trouvant differentes à mesure qu'elles se montrent divisées, ou divisibles, comment jouiroient elles toutes ensemble du même Titre de Substance suprême où éminente, dont le Caractére est de suffire à Soi & de ne se communiquer point. Ce seroit donc là une perfection unique en soi-même & cependant uniforme en une infinité de Sujets bornez & diffe-

differens. Quelle chimére! C'eſt convenir, qu'il y a des Dieux ſans nombre & qu'il n'y en a point.

P. 2.

On employe à peu prés la même méthode au ſujet du mouvement & du mouvement regulier pour continüer la preuve de la vérité d'un Dieu: mais on profite auparavant de ce qu'on vient d'établir.

Les Corps ne ſe donnent point l'Etre, dit l'Autheur. Comment ſe procureroient ils le mouvement, qui, n'étant qu'une maniére d'être, eſt toûjours moins que la choſe, qui eſt? De qui ils tiennent la vertu d'exiſter, ils reçoivent donc le droit de ſe mouvoir; outre que tel

tel qui crée en un point, crée en l'autre; car s'il tire une fois de rien quelque chose, par quoi seroit-il borné pour donner l'être à tout le reste? Ainsi de quelque maniére qu'on considere la chose, on voit la necessité qu'il y a de reconnoître un Dieu.

L'Autheur reprend son sujet, en disant: le mouvement nécessaire est si peu éssentiel aux corps, que le repos leur peut-être encore mieux attribüé. Le vuide où l'espace est conçû également sans efforts autour d'eux & en Soi ils ne sont rien que de l'étenduë: d'où leur naîtroit donc la tendance ici où là. Mais quand l'Atome A. par exemple, auroit de soi le mouvement,

les

les Atômes B. C. D. &c. En jouiroient ils aussi dans la distinction où on les envisage tous. On ne voit point là de connexité. Il y a donc un être, qui n'étant ni mouvement ni matiére agite les Corps, & c'est Dieu.

P. 3.

C'est du degré de mouvement, qui régne avec ordre parmi les Corps, que l'Autheur en conclut avec encore plus de clarté l'existence d'un Dieu : mais voilà, avant que d'entrer en matiére, ce qu'il dit.

Les Corps n'ont ni éxistence ni mouvement par eux-même, comme cela a été ci-dessus prouvé. Ils n'ont jusques ici rien en propre. D'où prendroient-ils la régulagularité du mouvement, qui dévelope le meilleur morceau de la beauté de ce Monde.

Ce n'est qu'une maniére d'être, dira-t'on, que cette Regularité. Il est vrai; mais c'est une maniere d'être arangée, disposition: qui designe de l'ordre où de l'intelligence, ce qui est toute autre chose que de se mouvoir simplement & à plus forte raison de s'entreheurter sans dessein. Il y auroit donc quelque chose au dela du mouvement, qui sans être mouvement, seroit le principe de toute agitation bien disposée, & c'est Dieu. Mais ne suffit-t'il pas, comme on a dit, que Dieu crée en un point pour qu'on le juge Autheur de tout, puisque prendre sur le rien quelque

chose

chose ne designe plus de limites. Il a donné l'être a la Matiére & au Mouvement: il est donc l'Ordonnateur de leur Régularité.

L'Autheur reprend son sujét dans le fond & voici comme il s'en explique.

Les parties A. B. C. D. &c. de la matiére ne peuvent être qu'indifférentes à se mouvoir ici ou là! En soi elles ne sont rien que de l'étenduë, comme on a dit. Ici elles acquierent le mouvement. Là il ne peut-être dirigé qu'en ligne droite, sitôt que l'espace lui céde avec égalité par tout. Qui donc a fait leur pente plûtôt ici que là, que Dieu même? Tout pouvoit être Confusion & tout est Regle.

Quelques unes des parties

de la matiére peuvent-elles ſe régler? En eſt il ainſi des autres, quand elles n'ont rien, qui ſoit le même? Il faut donc que quelque être les determine. Et s'il diſpoſe des unes, pourquoi n'ordonnera-t-il pas des autres, quand il n'y a point entr'elles de différence pour la dépendence ou pour l'imperfection?

On ne doit pas dire que toutes ſe prêtent la main pour choiſir chacune leurs divers degrés dans le choc. On les conſidére ici dans leur prémier inſtant de ſe mouvoir, où elles ne s'agitent que le plus ſimplement, qu'il ſe peut. Il faudroit de plus leur attribüer du concert, de l'intelligence ou de la perception, & on ne voit ici que de l'étendüe & du mouvement

le

le plus droit qu'il est possible aussi bien au centre, qu'à l'extremité.

Soûtiendroit-on du moins qu'au centre de la Matiére un Atôme pousse l'autre & que tous agitez ainsi par leur action réciproque, c'est là ce qui fait l'Ordre. Que si l'objection pouvoit faire quelque peine dans le centre, comment auroit elle du crédit vers l'extrémité? Qui est ce qui déterminera l'effort soit ovale ou circulaire, combien à plus forte raison la tendance réguliére partout. Rien n'y réjallit. Ce n'est que de l'espace, qui céde, comme on vient de le dire. Il faut donc un Principe qui borne les Corps & qui les renvoye, sans quoi, rien n'étant contraint, rien ne repousse plus, même dans le centre afin de circuler. Tout se détache alors. La correspondence cesse. Il n'y a plus d'Harmonie. L'Univers n'est qu'un Cahos. Voilà donc encore ici un Dieu, qu'on retrouve aussi bien au centre, qu'à l'extrémité. Ouy, tout se tient dans l'Ordre, d'une maniére, que, s'il est reconnû quelque part, il faut le confesser par tout. Qui donc pourroit douter de la vérité de son existence, quand il n'y a rien dans le Monde qui n'annonce ses merveilles?

Dira-t-on enfin, que les Corps, qui s'étendent sans bornes, empêchent du moins de porter sur eux un jugement. Outre que c'est là, en se retranchant dans le vaste, avoüer sa défaite & ne raisonner

ner plus. Je réponds toûjours. Ces Corps prennent-ils leur étenduë par eux-mêmes? Alors toutes mes raisons ci-dessus reviennent. En un mot s'assemblent-ils pour n'avoir besoin que de chacun d'eux pour s'étendre? Je les divise. Paroissent-ils s'agitter de leur propre force? Je les reduis au repos. Voudroient-ils s'arranger? Je les jette dans la confusion. Ainsi il faut bien, qu'un être, different d'eux, leur prescrive la Loi par tout & par là ils dépendent. Autrement ne veut-on point avouër un Infini par éminence, qui est Dieu, le Commencement & la Fin de toutes choses, on admettra une infinité d'infinis où de Souveraines perfections, en ne reconnoissant plus que la matiére & ses particules pour Principe, ravy d'étouffer ainsi, sans raison, la lumiére pour dérober mieux la Conscience au remord. L'autheur rejette avec autant de fondement le *Hazard*, qu'il établit un Dieu.

P. 4.

Suivant tout ce qui vient d'être prouvé, l'Auteur dit. Les Corps ont aussi peu par eux-même le mouvement & la régularité du mouvement, que l'existence. A ce compte le *Hazard* est-il quelque chose de tout cela? Par là même il dépend. Subsiste-t'il par lui même, sans être rien de ce qu'on vient de dire? C'est Dieu. N'est-il ni l'un ni l'autre? Ce n'est rien.

Mais quelle opinion avoir d'un Homme, qui, de Lettres d'imd'impreſſion aſſemblées par caprice, eſpére donner au jour un Traité de Philoſophie nouvelle? Ce Compoſiteur ne travaille du moins pour ſa combinaiſon fortüite que ſur 24. Lettres multipliées à certain nombre, au lieu que le moindre des Atômes, ayant des degrès infinis de pouvoir être meûs de differente ſorte, comment tous les Atômes meûs réguliérement, ce qui fait l'Univers, auroient-ils le Hazard pour Principe?

Que ſi celui ci n'eſt au contraire qu'un leurre prodüit par l'impatience de juger, ſans rien ſuivre, quel écart n'eſt ce donc pas, que de le prendre pour l'Auteur de tout, n'étant, en cet état, que le fruit de l'Ignorance, comme de l'Orgueil.

C'est, pour édifier, que l'on conclut ainsi.

O mon Dieu ! On vous confesse assez de bouche : mais qui est-ce qui vous avouë de cœur ? Si l'on vous aime si peu, c'est qu'on ne vous connoît point. Comment vous connoitroit-on, lorsqu'assez souvent la vie se passe sans penser à vous ; ou du moins, quand vous n'étes qu'Esprit, on n'a tout au plus qu'une Religion de Lettre, & on ose dire qu'on croit un Dieu, Quel paradoxe ! Et plus bas l'Auteur dit. Chaque bagatelle, avec le tems, passe en monde. N'y aura-t-il donc que Vous, Seigneur, perpetuëllement oublié, qui n'aurez aucun crédit parmi les Hommes, si ce n'est comme le prétexte a leur injustice ! Dépravation consommée, monstrüeux egarement ! &c.

La Bête
ou
Le despotisme outré,
Sonnet.

ENgéance de Sathan, joug trop injurieux;
Abus, rigueur, excés du pouvoir arbitraire!
Ton Empire veut-il malgré l'ordre & les Dieux
Par cent nœuds redoublés assurer la misére?

C'est peu par mille maux de te rendre odieux,
J'en connois un plus grand, si l'on te laisse faire;
A l'air dont les Mortels n'ont que pour toi, des yeux,
N'est-tu point ici-bas la Bête *qu'on révére?*

L'encens fume par tout, mais ce n'est point pour Dieu.
Sous ombre de vertu, lorsque le crime a lieu,
Foudre, arretez le cours de la Métamorphose;

Si-non

Si-non, Maitre & sujets aiant le coeur payen,
On revêra bientôt avec l'Apotéose
Le néant être tout, & Dieu réduit à rien.

* * *

L'orgueil décélé

ou

La dissection en forme d'Epitaphes de cette superbe Poësie mise en lettres d'or au haut de la grande porte de Versailles.

Hic fuit ante Chaos, dixit Ludocus & inde,
Fit regia divo. Ita facta est machina mundi.

TRADUCTION,

Comme fut fait le monde, ici LOUIS parla.
D'un Cahos que c'etoit ce, Roi-Dieu s'y logea.

1. *Epitaphe*

Hic fuit ante Chaos.

Du

Du Rodomont Louis la superbe en
arriére ;
Semblable à son Palais cy devant un
Cahos,
Telle est la fin de sa carriére ;
Malgré ses dents, voici ses os.

2. *Epitaphe*

Dixit Ludovicus & inde fit Regia divo.

Il eut beau faire, il eut beau dire ;
Il parle ; on peut juger de là,
Si ce n'est point un Dieu pour rire.
Six pieds de terre enfin c'est le Palais
qu' il a.

3. *Epitaphe*

Ita facta est machina mundi.

Cy gît le Sort le veut ainsi,
Qu'en vain sur son Versaille un orgueil-
leux se fonde
Là qu' il étoit, il est ici.
Passant ! C'est comme va le monde.

* * *

Son dernier rôle.

La scene est à St. Denis.

L*E voila mis dans le cavot,*

C'est

C'eſt donc la fin de ſon hiſtoire :
Mais pour épargner ſa mémoire,
Le flate bien qui n'en dit mot.

* * *

L'encouragement des opreſſés.

Aux Barcellonnois

Sur leur merveilleuſe defenſe

Sonnet.

Généreux defenſeurs de vos trop juſtes loix !
Quand vôtre exemple aprend à ſervir la Patrie,
Vous avez beau périr, fameux Barcellonnois,
Une ſi belle mort vaut la meilleure vie.

Ne vous rebutez pas en defendant vos droits ;
La Nature & le Ciel ſeront de la partie.
L'Ennemi par ſes coups redoublant vos exploits,
Vôtre courage ſeul vaincra la tyrannie.

Qu'

Qu'aprens-je ? Il vous fournit mille rempars nouveaux.
Vous faisant dissiper une effraiante Armée,
C'est peu que de nos jours nous vantions vos travaux ;
Que l'avenir, rempli de vôtre renommée,
Prononce seulement ! Barcellonne *a vaincu ;*
Le plus hardi Tiran deviendra retenu.

* * *

Aux Mêmes

Pour les consoler de leur capitulation.

Sonnet.

ENfin *vous succombez célébre* Barcellonne,
Ayant par mille exploits montré vôtre vertu.
Qu'importe de se voir, par le nombre, abatu,

Quand,

Quand, malgré le ſuccés, la valeur
nous couronne?
Si le luſtre eſt ici du côté du vaincu,
Quel air aura le joug, que la victoire
ordonne?
Noble qu'il eſt pour vous, honteux
pour qui le donne,
Qui ſe ſoumet ainſi, n'eſt point ſenſé
rendu.
Montrez mieux vos éforts; Tri-
umfez de vous même.
Ploïez; moderés vous: C'eſt un beau
diadême,
Qu'on obtient, quand on ſait s'accom-
moder au tems.
Veillez, laiſſez le agir, ſi vous vou-
lez m'en croire;
Vos fers ſeront briſés, & pour ſurcroiſt
de gloire,
Leurs morceaux deviendront vos plus
beaux ornements.

L'Equivoque oté
ou
Le Gouvernement défunct
Par opofition à la Régence

à Madame.

MADAME,

ENfin apres trois mois la reponſe de Vôtre Alteſſe Roïale eſt venüe. C'eſt encor beaucoup de grace. Je ſais du moins à quoi m'en tenir. *Le Comte de Buquoit*, dit Elle, *prétend il que je m'employe pour le faire vénir en France, apres que de vive voix, & par écrit; Il n'a ceſſé de ſe déchainer contre cette Cour.*

Parlez vous Madame de la Cour d'apréſent? Je l'admire.

N'eſt elle pas le contre pied de l'ancienne? Elle remet de l'ordre, ou celle-cy ne vivoit qu'en Enfant de Famille qui joüe de ſon reſte. Si la conduite du Regent ſe ſoutient, c'eſt le Cyrus de nos jours, le véritable Dieu-donné. La Poſtérité continüera ſon éloge, à meſure qu'Elle augmentera le Blame du feu Roi.

Vrai Roman que Son Regne! Ce que j'y trouve de curieux, ſorti d'une guerre qui, épüiſé de toute façon, devoit le perdre, il ne quite le deſſein de transporter de nouveau des montagnes, que pour ſe jeter dans des entrepriſes qui demandoint plus de Sang, & plus d'argent, que jamais. *Je le veux, je le puis.* C'etoit donc là là le bon ſens de ſes deſſeins. Qu'a t'il fait ? Rien, avec un pouvoir immenſe que de laiſſer à ſa mort les afaires dans une étrange confuſion.

La Paix s'entretient pourtant ; les finances ſe rétabliſſent. Que ne peut-on de même rédonner la vie à des millions hommes ſacrifiés au vaſte de Loüis le grand ? L'agriculture & le commerce ſe raniment. Le Luxe diminüe. La volupté va tomber. Le Sexe, ſi ce n'eſt vous, Madame, renvoié au cloitre, ou a la que Noäille n'aura plus de part aux afaires. Le vrai merite eſt recherché. Plus de Pontchartrin, le Parlement fournit des ſujets pour les plus hautes places. C'eſt donc tout de bon que la remontrance a lieu. L'Har-

 monie

monie se remet entre le gouvernement & le Peuple. Que n'esperer pas? On est de bonne foi avec les Voisins. C'est seulement pour l'abus des clefs qu'on se broüille avec le successeur de S. Pierre. Telle est l'administration d'aujourd'hui la condamnation du Regne précédent.

Voila ce que j'ai dit, & que je ne cesse point de dire, Madame, *L'Equivoque oté*, apellez vous cela se déchainner? Martir a ce prix de la nouvelle Cour pour blamer l'ancienne, si vous me refusez vos bons ofices, pensez que vous êtes la Mére du Régent. Je suis avec un respect tres profond

Madame
de Vôtre Altesse Roïale

a Hannovre. ce 3eme avril
1717.

Le tres humble & tres obeissant serviteur
Le Comte de Buquoit.

L'heureux augure
ou
L'Esprit de la Fête
au Prince
sur sa naissance.

Stances.

Fête qui veut vôtre naissance
Par la danse & les jeux & toute autre agrément.
PRINCE, mes vœux unis, je dirai franchement,
Sans vous flater, ce que je pense.

Bon naturel, noble prestance,
Fils d'Empereurs, heureux début;
Sage avant la saison, plus loin que l'espérance,
Beau chemin pour aller au but!

De concert avec la Lumiére,
Douze ans *nouvel espoir, bel age à profiter,*
La vertu chez vous familiére,
Comme un soleil levant, vous devez vous hâter.

Mais ſi vous reſtiez en arriére,
Quel reproche ! peut-on ſe le repre-
ſenter ?
On connoit vos Argus. Guidé dans
la carriére,
Qui pouroit lors vous arréter ?

Le Ciel, l'œil ſur vos jours, veille t'il
les étendre
Au plus haut point de gloire en les fai-
ſant montrer !
Ne puis-je aſſez me faire entendre ?
Pour ſon propre intereſt il ſaura m'é-
couter.

De la façon qu'il vous partage,
Je dois l'avoir pour caution,
Que le PRINCE *eſtant ſon image,*
Il veut vôtre perfection.

Il ne s'agit que d'y répondre,
Pour ne jamais Vous écarter,
Le ſecret de ne rien confondre,
Il faut en tout le conſulter.

Puiſſe

Puiſſe l'avis ſi ſalutaire
Eſtre gravé dans vôtre cœur.
Mes vœux remplis, c'eſt voſtre affaire
Et la clef de votre bonheur.

De l'air que je me le figure
Tout plein d'un vrai contentement,
Loing de la lêtre heureux augure,
C'eſt l'Eſprit de la Fête, *ou rien*
ne ſe dément.

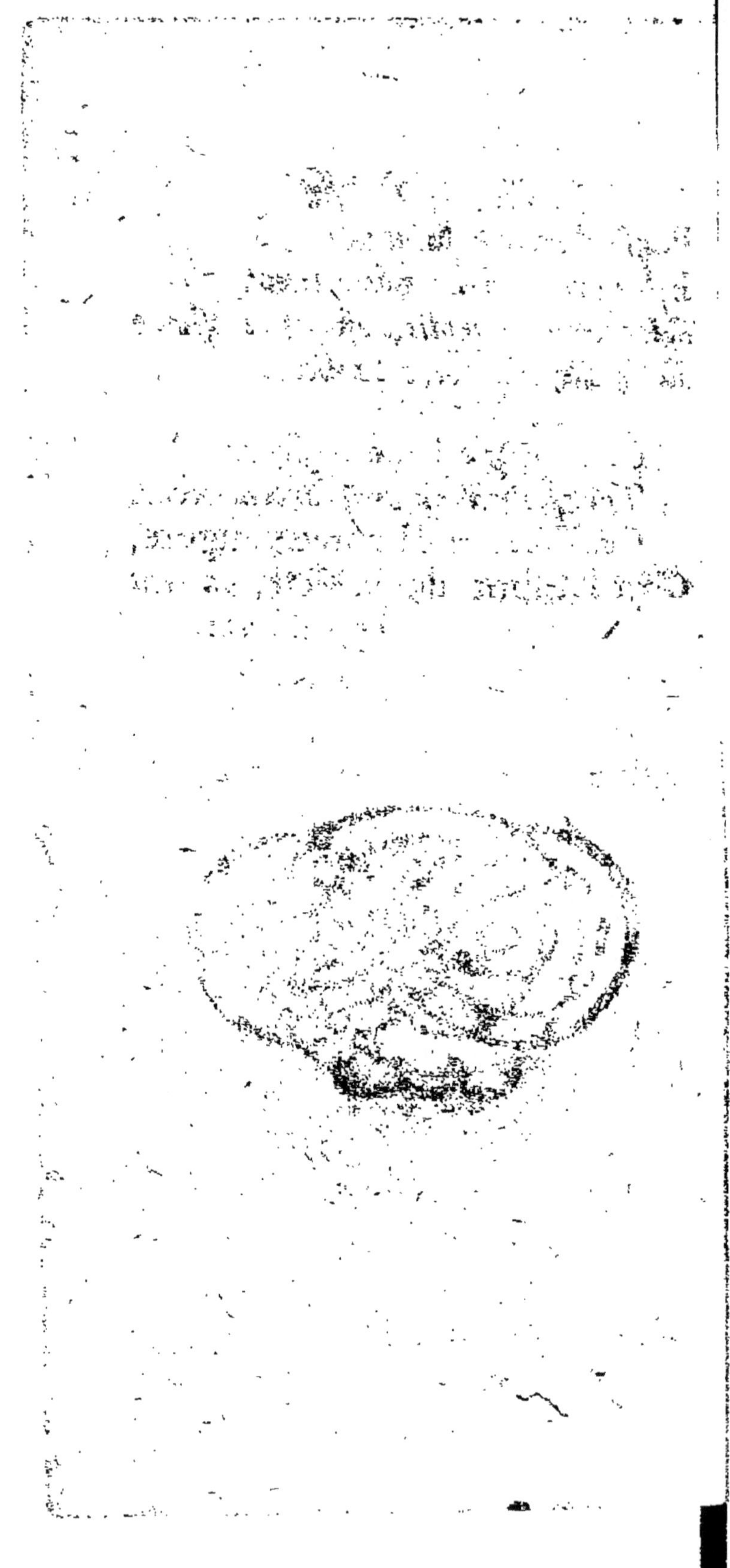

www.ingramcontent.com/pod-product-compliance
Ingram Content Group UK Ltd.
Pitfield, Milton Keynes, MK11 3LW, UK
UKHW022104170726
13837UKWH00003B/1072

9 782019 919290